古典精粹

人物志

［魏］劉邵 撰
［西凉］劉昞 注

中國書店

圖書在版編目（CIP）數據

人物志 /（魏）劉邵撰.（西涼）劉昞注. — 北京:中國書店，2019.9（2022.2重印）

ISBN 978-7-5149-2206-6

Ⅰ. ①人… Ⅱ. ①劉…②劉… Ⅲ. ①人才學－中國－三國時代 Ⅳ. ①C96-092

中國版本圖書館CIP數據核字(2022)第007073號

人物志

[魏] 劉邵　撰　[西涼] 劉昞　注

責任編輯：趙文傑

出版發行：中國書店
地　　址：北京市西城區琉璃廠東街115號
郵　　編：100050
印　　刷：藝堂印刷（天津）有限公司
開　　本：787毫米×1092毫米　1/16
版　　次：2019年9月第1版　2022年2月第2次印刷
印　　張：11
書　　號：ISBN 978-7-5149-2206-6
定　　價：55.00元

出版説明

『古典精粹』叢書收録了耳熟能詳的中國古代典籍，注重趣味性、可讀性。中國古代圖籍内容豐富，涉及門類廣泛，精刻本校勘謹嚴。選擇其中的經典本影印，可爲當代研究提供準確的資料，也可爲普通讀者接觸古籍提供機會。

《人物志》三卷，魏劉邵撰，西凉劉昞注。劉邵，字孔才，三國時魏廣平邯鄲（今河北邯鄲）人，文學家、政論家、思想家。早期曾爲管理地方户賦的計吏，因學識淵博而升任秘書郎，入曹魏後任尚書郎、散騎侍郎、陳留太守等職，曾受詔參與纂集類書《皇覽》。劉昞，字延明，號玄處先生。西凉李暠時，爲儒林祭酒、從事中郎，遷撫夷護軍。北凉沮渠蒙遜平酒泉，拜爲秘書郎。沮渠牧犍尊爲國師。魏太武帝時拜樂平王從事中郎。年七十餘卒。

《人物志》集中探討挑選人才的原則問題，作者兼顧儒、道、法等名家思想，將生理、心理、個性、才能、政治風格和道德修養巧妙結合，用以總結人物鑒識之法，揭示人性形成，是一部集心理學、倫理學和人才學等爲一體的知名論著。全書共三卷十二篇，首尾完具。上卷：九徵、體别、流業、材理四篇；中卷：材能、利害、接識、英雄、八觀五篇；下卷：七繆、效難、釋争三篇。《人物志》爲當時的統治者提供了判别人才的標准，同樣也爲後人改善自我認知提供了依據。

宋晁公武《郡齋讀書志》及陳振孫《直齋書録解題》均著録有《人物志》三卷，惜宋本今不傳。明刊善本主要有以下五種：（一）明正德刊本，今已難見。（二）明嘉靖八年（一五二九）顧定芳刊本，僅南京圖書館藏一部。（三）明隆慶六年（一五七二）梁夢龍刊本，此本據正德本重刊，國家圖書館和北京大學圖書館有藏。（四）明萬曆五年（一五七七）李芮思益軒刊本，此本乃據嘉靖顧氏本刊成，今藏國家圖書館。（五）明萬曆十二年（一五八四）劉用霖刊本。此本據隆慶本翻刻，後世之本多從此出，如明萬曆程榮刊《漢魏叢書》本、明萬曆二十年（一五九二）何允中刊《廣漢魏叢書》本、嘉慶十四年（一八〇九）張海鵬刊《墨海金壺》本、清乾隆《文淵閣四庫全書》本等。另有明清刊本、抄本多種。諸本之中，明正德原本已難覓到，嘉靖顧氏本劉昞注文有删節，而隆慶本出於正德本，且後世之本多據之翻刻，當爲較早且精善之本。

此次出版，係依據明隆慶刊本影印，以饗讀者。

中國書店出版社
二〇一八年五月

目録

人物志序

阮逸 撰

人性爲之原而情者性之流也性發於內情導於外而形色隨之故邪正態度變露莫狀溷而莫睹其眞也惟至哲爲能以材觀情索性尋流照原而善惡之迹判矣聖人沒諸子之言性者各膠一見以倡惑於後是俾馳辯鬬異者得肆其誽蔓衍天下

故學者莫要其歸而天理幾乎熄矣予好
閱古書於史部中得劉邵人物志十二篇
極數萬言其述性品之上下材質之兼偏
研幽摘微一貫於道若度之長短權之輕
重無銖髮蔽也大抵考諸行事而約人於
中庸之域誠一家之善志也由魏至宋歷
數百載其用尚晦而鮮有知者吁可惜哉
矧蟲篆淺技無益於教者猶刊鏤以行於

世是書也愽而暢辨而不肆非衆説之流也王者得之爲知人之龜鑑士君子得之爲治性脩身之檃栝其効不爲小矣予安得不序而傳之媿夫良金美玉韞櫝一啓而觀者必知其實也

人物志 有序

魏散騎常侍劉　邵　撰

凉儒林祭酒劉　昞　注

夫聖賢之所美莫美乎聰明（天以三光著其象人以聰明邵其度）聰明之所貴莫貴乎知人（聰於書計者六藝之一術明於人物者官材之總司）知人誠智則衆材得其序而庶績之業興矣是以聖人著爻象則立君子小人之辭（君子者小人之師小人者君子之資師資相成其來秀

尚矣叙詩志則別風俗雅正之業九土殊風五方異俗是以聖人立其教不易其方制其政不改其俗制禮樂則考六藝祇庸之德雖不易其方常以詩禮爲首雖不改其俗常以孝友爲本躬南面則援俊逸輔相之材皆所以達衆善而成天功也繼天成物其任至重故求賢舉善常若不及天功既成則並受名譽忠臣竭力而効能明君得賢而高枕上下忠愛謗毀何從生哉是以堯以克明俊德爲稱舜以登庸二八爲功湯以拔有莘之賢爲名文王

以舉渭濱之叟爲貴由此論之聖人興德孰不勞聰明於求人獲安逸於任使者哉采士飯牛秦穆所以霸西戎一則仲父齊桓所以成九合是故仲尼不試無所援升猶序門人以爲四科泛論衆材以辨三等舉德行爲四科之首敘生知爲三等之上明德行者道義之門質志氣者材智之根也又歎中庸以殊聖人之德中庸之德其至矣乎人鮮久矣唯聖人能之也尚德以勸庶幾之論顏氏之子其殆庶幾乎三月不違仁乃窺德行之門若非志士仁人希邁之性

（日月至焉者豈能終之）訓六蔽以戒偏材之失（仁者愛物蔽在無斷信者露誠蔽在無隱此偏材之常失也）思狂狷以通拘抗之材（或進趨於道義或潔己而無為在上者兩順其所能則拘抗並用）疾悾悾而無信以明為似之難保（厚貌深情聖人難之聽其言而觀其所為則似託不得逃矣）又曰察其所安觀其所由以知居止之行（言必契始以要終行必觀初以求卒則中外之情粗可觀矣）人物之察也如此其詳（不詳察則官材失其序而庶政之業荒矣）是以敢依聖訓志序人物

庶以補綴遺忘惟博識君子裁覽其義焉

人物志目録

上卷

中卷

下卷

人物志卷上

魏　散騎常侍劉　邵　撰

凉　儒林祭酒劉　昞　注

九徵一　體別二

流業三　材理四

九徵第一　人物情性志氣不同，徵神見貌形驗有九

葢人物之本出乎情性　性質稟之自然，情變由於染習，是以觀人察物，當尋其性質也　情性之理甚徵而玄，非聖人

之察其孰能究之哉（知無形狀故常人不能覩惟聖人目擊而照之）凡有血氣者莫不含元一以爲質（質不至則不能涉寒暑歷四時）稟陰陽以立性（性資於陰陽故剛柔之意別矣）體五行而著形（骨勁筋柔皆稟精於金木）苟有形質猶可即而求之（由氣色外著故相者得其情素也）凡人之質量中和最貴矣（質白受采味甘受和中和者百行之根本人情之良田也）中和之質必平淡無味（惟淡也故五味得和焉若苦則不能甘矣若酸也則不能鹹矣）故能調成五材變化應節

（平淡無偏群材必御致用有宜通變無滯）是故觀人察質必先察其平淡而後求其聰明（譬之驥騄雖超逸絕羣若氣性不和必有毀衡碎首決胷之禍也）聰明者陰陽之精（離目坎耳視聽之所由也）陰陽清和則中叡外明聖人淳耀能兼二美知微知章（耳目兼察通幽達微官材授方舉無遺失）自非聖人莫能兩遂（雖得之於目或失之於耳）故明白之士達動之機而暗於玄慮（達於進趨而暗於止靜以之進趨則欲速而成疾以之深慮則抗奪而不入也）玄慮之人識靜

之原而困於速捷性安沉默而智乏應機以之閑靜則玄微之道構以之濟世則勁捷而無成猶火日外照不能內見金水內暎不能外光人各有能物各有性是以聖人任明白以進趨委守成於玄慮然後動止得節出處應宜矣二者之義蓋陰陽之別也陽動陰靜乃天地之定性況人物乎若量其材質稽諸五物五物之徵亦各著於厥體矣筋勇色青血勇色赤中動外形豈可匿也其在體也木骨金筋火氣土肌水血五物之象也五性者成形之具五物爲母故氣色

縱之而具五物之實各有所濟五性不同各有所稟稟性多者則偏性生也是故骨植而柔者謂之弘毅弘毅也者仁之質也木則垂蔭爲仁之質質不弘毅不能成仁氣清而朗者謂之文理文理也者禮之本也火則照察爲禮之本本無文理不能成禮體端而實者謂之貞固貞固也者信之基也土必吐生爲信之基也基不貞固不能成信筋勁而精者謂之勇敢勇敢也者義之決也金能斷割爲義之決決不勇敢不能成義色平而暢者謂

之通微通微也者智之原也〔水流疏達爲智之原原不通微不能成智〕五質恒性故謂之五常矣〔五物天地之常氣五德人物之常行〕五常之別列爲五德是故溫直而擾毅木之德也〔溫而不直則懦擾而不毅則剉〕剛塞而弘毅金之德也〔剛而不塞則決弘而不毅則缺〕愿恭而理敬水之德也〔愿而不恭則悖理而不敬則亂〕寛栗而柔立土之德也〔寛而不栗則慢柔而不立則散〕簡暢而明砭火之德也〔簡而不暢則滯明而不砭則翳〕雖體變無窮猶依

乎五質人情萬化不可勝極尋常竟源常在於五故其剛柔明暢貞固之徵著乎形容見乎聲色發乎情味各如其象自然之理神動形色誠發於中德輝外耀故心質亮直其儀勁固心質休決其儀進猛心質平理其儀安閑夫儀動成容各有態度直容之動矯矯行行休容之動業業蹌蹌德容之動顒顒卬卬夫容之動作發乎心氣心氣於內容見於外心氣之徵則聲變是也心不繫一聲和

乃變夫氣合成聲聲應律呂清而亮者律和而平者呂有和平之聲有清暢之聲有囬行之聲心氣不同故聲發亦異也夫聲暢於氣則實存貌色非氣無以成聲聲成則貌應故誠仁必有溫柔之色誠勇必有矜奮之色誠智必有明達之色聲既殊音故色亦異夫色見於貌所謂徵神貌色徐疾爲神之徵驗徵神見貌則情發於目目爲心候應心而發故仁目之精慤然以端心不傾倚則視不囬邪勇膽之精曄

然以彊志不怯懦則視不衰悴然皆偏至之材以勝

體爲質者也未能不厲而威不怒而嚴故勝質不精則

其事不遂能勇而不能怯動必悔吝隨之是故直而不柔

則木木彊激訐失其正直勁而不精則力負鼎絕臏失其正勁

固而不端則愚專己自是陷於愚戇氣而不清則越

辭不清順發越無成暢而不平則蕩好智無涯蕩然失絕是故

中庸之質異於此類勇而能怯仁而能決其體兩兼故爲衆材

之主五常既備包以澹味既體鹹酸之量而以無味爲御五

質內充五精外章五質澹凝渟耀外麗是以目彩五暉之光也心清目朗粲然自耀故曰物生有形形有神精不問賢愚皆受氣質之稟性陰陽但智有精粗形有淺深耳尋其精色視其儀象下至皁隸牧圉皆可想而得之也能知精神則窮理盡性聖人有以見天下之動而擬諸形容故能窮理盡性以至於命性之所盡九質之徵也陰陽相生數不過九故性情之變質亦同之然則平陂之質在於神神者質之主也故神平則質平神陂則質陂明暗之實在於精精者實之本故精惠則實明精濁則實暗

勇怯之勢在於筋（筋者勢之用故筋勁則勢勇筋弱則勢怯）彊弱之植在於骨（骨者植之基故骨剛則植彊骨柔則植弱）躁靜之決在於氣（氣者決之地也氣盛決於躁氣冲決於靜矣）慘懌之情在於色（色者情之候也故色悴由情慘色悅由情懌）衰正之形在於儀（儀者形之表也故儀衰由形殆儀正由形肅）態度之動在於容（容者動之符也故衰動則容態正動則容度）緩急之狀在於言（言者心之狀也故心恕則言緩心褊則言急）其為人也質素平澹中叡外朗筋勁植固聲清

色懌儀正容直則九徵皆至則純粹之德也非至德大人其孰能與於此九徵有違違爲乖戾也則偏雜之材也或聲清色懌而質不平淡或筋勁植固而儀不崇直三度不同其德異稱偏材荷一至之名兼材居德儀之目兼德體中庸之度故偏至之材以材自名猶百工衆伎各有其名也兼材之人以德爲目仁義禮智得其一目兼德之人更爲美號道不可以一體說德不可以一方待育物而不爲仁齊衆形而不爲德凝然平淡與物無際誰知其名也是故兼德而至謂之中

庸居中履常故謂之中庸中庸也者聖人之目也大仁

不可親大義不可報無德而稱寄名於聖人也具體而微謂之德

行德行也者大雅之稱也施仁以親物直義以利仁失道

而成德抑亦其次也一至謂之偏材偏材小雅之質

也徒仁而無義徒義而無仁未能兼濟各守一行是以名不及大雅也一徵

謂之依似依似亂德之類也純訐似直而非直純宕似

通而非通一至一違謂之間雜間雜無恒之人

也善惡黍渾心無定是無恒之操胡可擬議無恒依似皆風人

末流其心孔艱者乃有教化之所不受也末流之質不可勝論是以畧而不槩也蓄徒咸羣豈可數哉

體別第二稟氣陰陽性有剛柔拘抗文質體越各别

夫中庸之德其質無名汎然不繫一貌人無得而稱焉故鹹而不鹻謂之鹹耶無鹻可容公成百鹵也與鹹同淡而不䤁謂之淡耶味復不䤁質而不縵謂之質耶理不縵素文而不繢謂之文耶釆不畫繢能威能懷能辨能訥居醲淡之和處質文之際是以望之儼然即之而文言滿天下無辭費變化無方以達

爲節應變適化期於通物是以抗者過之厲然抗奮於進趨之塗而拘者不逮屯然無爲於拘抗之外夫拘抗違中故善有所章而理有所失養形至甚則虎食其外高門懸薄則病攻其內是故厲直剛毅材在矯正失在激訐訐剌生於剛厲柔順安恕每在寬容失在少決多疑生於恕懦雄悍傑健任在膽烈失在多忌慢法生於桀悍精良畏慎善在恭謹失在多疑疑難生於畏慎彊楷堅勁用在楨幹失在專固專己生於堅勁

論辨理繹能在釋結失在流宕傲宕生於機辨普愽周給弘在覆裕失在溷濁溷濁生於周普清介廉潔節在儉固失在拘扃拘扃生於廉潔休動磊落業在攀躋失在疏越疏越生於磊落沉靜機密精在玄微失在遲緩遲緩生於沉靜樸露徑盡質在中誠失在不微漏露生於徑盡多智韜情權在譎略失在依違隱違生於韜情及其進德之日不止揆中庸以戒其材之拘抗抗者自是以奮勵拘者自

是以守局而指人之所短以益其失拘者愈拘抗者愈抗或負石沉軀或抱木燋死猶晉楚帶劒遞相詭反也自晉視楚則笑其在左自楚視晉則笑其在右左右雖殊各以其用而不達理者横相誹謗拘抗相反皆不異此是故彊毅之人狠剛不和不戒其彊之搪突而以順為撓厲其抗以柔順為撓弱抗其搪突之心是故可以立法難與入微狠彊剛戾何機微之能入柔順之人緩心寬斷不戒其事之不攝而以抗為劌安其舒以性抗抗為劌傷安其恕忍之心

是故可與循常難與權疑（纔心寡斷何疑事之能權）雄悍之人氣奮勇决不戒其勇之蹶跌而以順爲恇竭其勢（以順恐爲恇怯而竭其蹶跌之勢）是故可與涉難難與居約（奮悍蹶跌何約之能居）懼慎之人畏患多忌不戒其愞於爲義而以勇爲狎增其疑（以勇轗爲輕侮而增其疑畏之心）是故可與保全難與立節（畏患多忌何節義之能立）凌楷之人秉意勁特不戒其情之固護而以辨爲僞彊其專

以辨博爲浮虛而彊其專一之心是故可以持正難與附衆執意堅持何人衆之能附辨博之人論理贍給不戒其辭之汎濫而以楷爲繫遂其流以楷正爲繫礙而遂其流宕之心是故可與汎序難與立約辨博汎濫何質約之能立弘普之人意愛周洽不戒其交之溷雜而以介爲狷廣其溷以拘介爲狷戾而廣其溷雜之心是故可以撫衆難與厲俗周洽溷雜何風俗之能厲狷介之人砭甫廉反清激濁不戒其道之隘狹

而以普爲穢益其拘以弘普爲穢雜而益其拘局之心是

故可與守節難以變通道狹津隘何通塗之能涉休動

之人志慕超越不戒其意之大猥而以靜

爲滯果其銳以沉靜爲滯屈而增果銳之心是故可以進趨

難與持後志在超越何謙後之能持沉靜之人道思迴

復不戒其靜之遲後而以動爲疏美其愞

以躁動爲麄疏而美其愞弱之心是故可與深慮難與捷

速思慮迴復何機速之能及樸露之人中疑實硌不戒

其實之野直而以譎爲誕露其誠以權譎爲浮誕而露其誠信之心是故可與立信難與消息實硲野直何輕重之能量韜譎之人原度取容不戒其術之離正而以盡爲愚貴其虛以欵盡爲愚直而貴其浮虛之心是故可與讚善難與矯違韜譎離正何違邪之能矯夫學所以成材也彊教靜其抗柔順厲其懊恕所以推情也推己之情通物之性偏材之性不可移轉矣固守性分聞義不徙雖教之以學材成而隨之以失剛教汝

之性已成激訐之心彌篤雖訓之以恕推情各從其心

意之所非不肯是之於人信者逆信推己之信謂人皆信而詐者得容爲

僞也詐者逆詐推己之詐謂人皆詐則信者或受其疑也故學不

入道恕不周物偏材之人各是己能何道之能入何物能周也此

偏材之益失也材不能兼教之愈失是以宰物者用人之仁去其貪

用人之智去其詐然後群材畢御而道周萬物也矣

流業第三三材爲源習者爲流流漸失源其業各異

蓋人流之業十有二焉性既不同染習又異枝流條別各有

（志業）有清節家（行爲物範）有法家（立憲垂制）有術家（智慮無方）有國體（三材純備）有器能（三材而微）有臧否（分別是非）有伎倆（錯意工巧）有智意（能鍊衆疑）有文章（屬辭比事）有儒學（道藝深明）有口辨（應對給捷）有雄傑（膽畧過人）若夫德行高妙容止可法是謂清節之家延陵晏嬰是也建法立制彊國富人是謂法家管仲商鞅是也思通道化策謀奇妙是謂術家范蠡張良是也兼有三材三材皆備

德與法術皆純備也其德足以厲風俗其法足以正天下其術足以謀廟勝是謂國體伊尹呂望是也兼有三材三材皆微（不純備也）其德足以率一國其法足以正鄉邑其術足以權事宜是謂器能子產西門豹是也兼有三材之別各有一流（三材為源習者為流也）清節之流不能弘恕（以清為理何能寬恕）好尚譏訶分別是非（已不寬恕則是非生）是謂臧否子夏之徒是也法家

之流不能創思遠圖（法制於近　思不及遠）而能受一官之任錯意施巧（務在功成　故巧意生）是謂伎倆張敞趙廣漢是也術家之流不能創制垂則（以術求功　故不垂則）而能遭變用權權智有餘公正不足（長於權者　必短於正）是謂智意陳平韓安國是也凡此八業皆以三材為本（非德無以正法非法無以興術是以八業之建常以三材為本）故雖波流分別皆為輕事之材也（耳目殊官其用同功　羣材雖異成務一致）能屬文著

述是謂文章司馬遷班固是也能傳聖人之業而不能幹事施政是謂儒學毛公貫公是也辯不入道而應對資給是謂口辯樂毅曹丘生是也膽力絕衆材畧過人是謂驍雄白起韓信是也凡此十二材皆人臣之任也各抗其材不能兼備保守一官故爲人臣之任也主德不預焉主德者聰明平淡總達衆材而不以事自任者也目不求視耳不叅聽各司其官則衆材達衆材既達

則人主垂拱無爲而理是故主道立則十二材各得其任也上無爲則下當任也清節之德師氏之任也掌以道德教道冑子法家之材司寇之任也掌以刑法禁制姦暴術家之材三孤之任也掌以廟謨佐公論正三材純備三公之任也位於三槐坐而論道三材而微冢宰之任也天官之卿總御百官臧否之材師氏之佐也分別是非以佐師氏智意之材冢宰之佐也師事制宜以佐天官伎倆之材司空之任也錯意施巧故掌冬官儒

秀

學之材安民之任也掌以德教保安其人文章之材國史之任也憲章紀述垂之後代辯給之材行人之任也掌之應荅送迎道路驍雄之材將帥之任也掌轄師旅討平不順是謂主道得而臣道序官不易方而太平用成太平之所以成由官人之不易方若使足操物手求行四體何由寧理道何由平若道不平淡與一材同用好譬大匠善規惟規之用則一材處權而衆材失任矣惟規之用則矩不得立其方繩不得經其直雖日運規矩無由成矣

材理第四（材既殊塗，理亦異趣。故講群材，至理乃定。）

夫建事立義，莫不須理而定。（言前定則不惑，事前定則不躓。）及其論難，鮮能定之。夫何故哉？蓋理多品而人異也。（事有萬端，人情舛駁，誰能定之？）夫理多品則難通，人材異則情詭；情詭難通，則理失而事違也。（情詭理多，何由而得？）夫理有四部，（道義事情，各有部也。）明有四家，（明通四部，各有其家。）情有九偏，（以情犯明，得失有九。）流有七似，（似是而非，其流有七。）說有三失，（辭勝理滯，所失者三。）

難有六構彊良競氣忿構有六通有八能聰思明達能通者八
若夫天地氣化盈虛損益道之理也以道化人
與時消息法制正事事之理也以法理人務在憲制禮教
宜適義之理也以理教之進止得宜人情樞機情之
理也觀物之情在於言語四理不同其於才也須明
而章明待質而行是故質於理合合而有
明明足見理理足成家道義與事情各有家是故質
性平淡思心玄微容不躁擾其心詳密能通自然道

理之家也（以道爲理故能通自然也）質性警徹權略機捷（容不遲鈍則其心機速）能理煩速事理之家也（事以爲理故審於理煩也）質性和平能論禮教（容不失適則禮教得中）辯其得失義禮之家也（以義爲禮故明於得失也）質性機解推情原意（容不妄動則原物得意）能適其變情理之家也（以情爲理故能極物之變）四家之明既異而有九偏之情以性犯明各有得失（明出於真情動於性情勝明則蔽故雖得而必喪也）剛略之人不能理微

用意麁粗意不玄微故其論大體則弘博而高遠性剛則志遠歷纖理則宕往而踈越志遠故踈越抗厲之人不能迴撓用意猛奮志不旋屈論法直則括處而公正性厲則理教詭變通則否戾而不入理教則滯礙堅勁之人好攻其事實用意端確言不虛徐指機理則頴灼而徹盡性確則言盡涉大道則徑露而單持言切則義少辯給之人辭煩而意銳用意疾急志不在退挫推人事則精識而窮理性銳則窮

理即大義則恢愕而不周（理細故遺大）浮沈之人不能沈思（用意虛廓志不淵密）序疏數則豁達而傲博（性浮則志微）立事要則爁炎而不定（志傲則理疏）淺解之人不能深難（用意淺脫思不深熟）聽辯說則擬鍔而愉悅（性淺則易悅）審精理則掉轉而無根（易悅故無根）寬恕之人不能速捷（用意徐緩思不速疾）論仁義則弘詳而長雅（性恕則理雅）趨時務則遲緩而不及（徐雅故遲緩）溫柔之人力不休

彊用意溫潤志不美悅味道理則順適而和暢性和則理順擬疑難則濡懊而不盡理順故依違好奇之

人橫逸而求異用意奇特志不同物造權譎則倜儻而瑰壯性奇則尚麗案清道則詭常而恢迂奇逸故恢詭此所謂性有九偏各從其心之所可心之所可以爲理是非相蔽終無休已以爲理若乃性不精暢則流有七似有漫談陳說似有流行者浮漫流雅似若可行有理少多端似若博意者辭繁喻博似若

弘廣有廻說合意似若讚解者外佯稱善內實不知有處後持長從衆所安似能聽斷者實自無知如不言觀察衆談讚其所安有避難不應似若有餘而實不知者實不能知忘佯不應似有所知而不荅者有慕通口解似悅而不懌者聞言卽說有似於解者心中漫漫不能悟有因勝情失窮而稱妙辭已窮矣自以爲妙而未盡跌則掎蹠理已跌矣而彊牽據實求兩解似理不可屈者辭窮理屈心樂兩解而言猶不止聽者謂之未屈凡此七似衆人

之所惑也（非明鏡焉能監之）夫辯有理勝（理至不可動）有辭勝（辭巧不可屈）理勝者正白黑以廣論釋微妙而通之（說事分明有如粉黛朗然區別辭不潰雜）辭勝者破正理以求異求異則正失矣（以白馬非白馬一朝而服于人及其至關禁錮直而後過也）夫九偏之材有同有反有雜同則相解（譬水流於水）反則相非（猶火滅於水）雜則相恢（亦不必同又不必異所以恢達）故善接論者度所長而論之（因其所能則其言易曉）歷之不動則

不說也〔意在杓馬彼俟他日〕傷無聽達則不難也〔凡相難講爲達者聽〕不善接論者說之以雜反〔彼意在狗而說以馬彼意大同而說以小異〕說之以雜反則不入矣〔以方入圓理終不可〕善喻者以一言明數事〔辭附於理則言寡而事明〕不善喻者百言不明一意〔辭遠乎理雖汎濫多言已不自明況他人乎〕百言不明一意則不聽也〔自意不明誰聽之〕是說之三失也善難者務釋事本〔每得理而止住〕不善難者舍本而理末〔逐其言而接之〕舍本

而理末則辭構矣不尋其本理而以煩辭相文善攻彊者下其盛銳對家彊梁始氣必盛故善攻彊者避其初鼓也扶其本指以漸攻之三鼓氣勝衰則攻易不善攻彊者引其誤辭以挫其銳意彊者意銳辭或暫誤擊誤挫銳理之難也挫其銳意則氣構矣非徒聲言交錯遂至動其聲色善躡失者指其所跌彼有跌失暫指不逼不善躡失者因屈而抵其性陵其屈跌而抵挫之因屈而抵其性則怨構矣非徒聲色而已怨恨逆結於心或常所思求久乃

得之倉卒諭人人不速知則以爲難諭自己久思而不恕人以爲難諭則忿構矣非徒怨恨遂生忿爭夫盛難之時其誤難迫氣盛辭誤且當避之故善難者徵之使還氣折意還自相應接不善難者凌而激之雖欲顧藉其勢無由棄誤顧藉不聽其言其勢無由則妄構矣妄言非訾縱橫恣口凡人心有所思則耳且不能聽思心一至不聞雷霆是故並思俱說競相制止欲人之聽己止他人之言欲使聽己人亦以其

方思之故不了己意則以爲不解非不解也當已出言由彼方思故人不解人情莫不諱不解謂其不解則性諱怒諱不解則怒構矣不顧道理是非於其兇怒忿肆凡此六構變之所由興也然雖有變構猶有所得造事立義當須理定故雖有變詭小故終於理定功立若詭而不難各陳所見則莫知所由矣人人競詭若不難質則不知何者可用也由此論之談而定理者眇矣理多端人情異故發言盈庭莫肯執其咎必也聰能聽序登高能賦求物能名如顏

回聽哭蒼欹量象思能造端子展謀侵晉乃得諸侯之盟明能見機史嚭觀目動即知秦師退辭能辯意伊藉荅吳王一拜一起未足爲勞捷能攝失郭淮荅魏帝曰自知必免防風之誅守能待攻墨子謂楚人吾弟子已學之於宋攻能奪守毛遂進曰今日從爲楚不爲趙也楚王從而謝之奪能易予以子之矛易子之盾則物主辭窮兼此八者然後乃能通於天下之理通於天下之理則能通人矣不能兼有八美適有一能所謂偏材之人則所達者偏而所有異

目矣各以所通而立其名是故聰能聽序謂之名物之材思能造端謂之構架之材明能見機謂之達識之材辭能辯意謂之贍給之材捷能攝失謂之權捷之材守能待攻謂之持論之材攻能奪守謂之推徹之材奪能易予謂之貿說之材通材之人既兼此八材行之以道與通人言則同解而心喻同即相是是以心相喻與衆人言則察色而順性下有盛色

避其所短雖明包衆理不以尚人恒懷謙下故處物上聰叡資給不以先人常懷退後故在物上善言出己理足則止通理則止不務煩辭鄙誤在人過而不迫見人過跌輒當歷避則人人自任矣寫人之所懷扶人之所能扶贊人之所能不以事類犯人之所婟胡故反與盲人言不諱眇瞎之類不以言例及己之所長己有武力不與虓虎之倫說直說變無所畏惡通材平釋信而後諫雖觸龍鱗物無害者采蟲聲之善音不以聲醜棄其善曲贊愚人之偶義

得（不以人愚廢其嘉言）奪與有宜去就不留方其盛氣折謝不恡（不避銳跌不惜屈撓）方其勝難勝而不矜（理自勝耳何所矜也）心平志諭無適無莫（付是非於道理）（不貪勝以求名）期於得道而已矣是可與論經世而理物也（曠然無懷委之至當是以世務自經萬物自理）

人物志卷上

人物志卷中

魏　散騎常侍劉　邵　撰

凉　儒林祭酒劉　昞　注

材能五　利害六

接識七　英雄八

八觀九

材能第五　材能大小其準不同量力而授所任乃濟

或曰人材有能大而不能小猶函牛之鼎

不可以烹雞愚以爲此非名也（夫人材猶器大小異

或者以大鼎不能烹雞喻大材不能治小失其名也）夫能之爲言已

定之稱（先有定質而後能名生焉）豈有能大而不能小

乎凡所謂能大而不能小其語出於性有

寬急（寬者弘裕急者急切）性有寬急故宜有大小（寬弘

宜治大急切宜治小）寬弘之人宜爲郡國使下得施

其功而總成其事（急切則煩碎事不成）急小之人宜

理百里使事辦於已（弘裕則網漏庶事荒矣）然則郡

之與縣異體之大小者也明能治大郡則能治小郡能治大縣亦能治小縣以實理寛急論辨之則當言大小異宜不當言能大不能小也若能大而不能小仲尼豈不爲季氏臣若夫雞之與牛亦異體之小大也鼎能亨牛亦能亨雞銚能亨雞亦能亨犢故鼎亦宜有大小若以烹犢則豈不能烹雞乎但有宜與不宜豈有能與不能故能治大郡則亦能治小郡矣推此論之人材各有所宜非獨大小之謂也文者理百

官武者治軍旅夫人材不同能各有異有自任之能脩已潔身總御百官有立法使人從之之能法懸人懼無敢犯也有消息辨護之能智意辨護周旋得節有德教師人之能道術深明動爲物教有行事使人譴讓之能云爲得理義和於時有司察糾摘之能督察是非無不區別有權奇之能務以奇計成事立功有威猛之能猛毅昭著振威敵國夫能出於材材不同量材能既殊任政亦異是故自任之能清節之材也故在

朝也則冢宰之任爲國則矯直之政其身正故掌天官而總百揆立法之能治家之材也故在朝也則司寇之任爲國則公正之政法無私故掌秋官而詰姦暴計策之能術家之材也故在朝也則三孤之任爲國則變化之政計慮明故輔三槐而助論道人事之能智意之材也故在朝也則冢宰之佐爲國則諧合之政智意審故佐天官而諧內外行事之能譴讓之材也故在朝也則司

寇之任爲國則督責之政（辨衆事故佐秋官而督傲慢）權奇之能伎倆之材也故在朝也則司空之任爲國則藝事之政（伎能巧故任冬官而成藝事）司察之能臧否之材也故在朝也則師氏之佐爲國則刻削之政（是非章故佐師氏而察善否）威猛之能豪傑之材也故在朝也則將師之任爲國則嚴厲之政（體果毅故總六師而振威武）凡偏材之人皆一味之美（譬飴以甘爲名酒以苦爲實）故長於

辨一官弓工揉材而有餘力而短於爲一國兼掌陶冶器不成矣

何者夫一官之任以一味協五味壚人調壚醯人調醯則五味成矣譬梓里治材土官治墻則厦屋成一國之政以

無味和五味水以無味故五味得其和猶君體平淡則百官施其用

又國有俗化民有劇易五方不同風俗各異土有剛柔民有劇易而人材不同故政有得失以簡治易則得治煩則失

是以王化之政宜於統大易簡而天下之理得矣

以之治小則迂網疎而吞舟之姦漏辨護之政宜於

治煩事皆辨護煩亂乃理以之治易則無易甚於督促民不便也策術之政宜於治難權畧無方解釋患難以之治平則無奇術數煩衆民不安矣矯抗之政宜於治侈矯枉過正以厲侈靡以之治弊則殘俗弊治嚴則民殘矣諧和之政宜於治新國新禮殺苟合而已以之治舊則虛苟合之教非禮實也公刻之政宜於糾姦刻削不深姦亂不止以之治邊則失衆衆民憚法易遜叛矣威猛之政宜於討亂亂民桀逆非威不服以之治善則暴政猛民殘濫良

善矣伎倆之政宜於治富以國彊民以使以之治貧則勞而下困易貨敗鑄民失業矣故量能授官不可不審也凡此之能皆偏材之人也故或能言而不能行或能行而不能言智勝則能言材勝則能行至於國體之人能言能行故為衆材之雋也人君之能異於此平淡無為以任衆能故臣以自任為能竭力致功以取爵位君以用人為能任賢使能國家自理臣以能言為能各言其能而受其官君以能

聽爲能（聽言觀行而授其官）臣以能行爲能（必行其所言）

君以能賞罰爲能（必當其功過也）所能不同（君無爲而臣有事）故能君衆材也（若君以有爲代大匠斲則衆能失巧功不成矣）

利害第六（建法陳術以利國家及其弊也害歸於己）

蓋人業之流各有利害（流漸失源故利害生）夫節清之業著于儀容發於德行（心清意正則德容外著）未用而章其道順而有化（德輝昭著故不試而效效理於人故

物無不化故其未達也爲衆人之所進理順則衆人樂進之既達也爲上下之所敬德和理順誰能慢之其功足以激濁揚清師範僚友其爲業也無弊而常顯非徒不弊存而有顯故爲世之所貴德信有常人不能賊法家之業本于制度待乎成功而效法以禁姦姦止乃效其道前苦而後治嚴而爲衆初布咸嚴是以勞苦終以道化是以民治故其未達也爲衆人之所忌姦黨樂亂忌法者衆已試也爲上下之所憚憲防肅然

內外振悚其功足以立法成治民不爲非治道乃成其弊

也爲群枉之所讐法行寵貴終受其害其爲業也有

敝而不常用明君乃能用之靈明不繼世故法不常用故功大

而不終是以商君車裂吳起支解術家之業出於聰思

待於謀得而章斷於未行人無信者功成事效而後乃彰也其

道先微而後著精而且玄計謀微妙其始至精終始合符

是以道著其未達也爲衆人之所不識謀在功前衆何

由識其用也爲明主之所珎暗主昧然豈能貴之其功

足以運籌通變變以求通能成其功故其退也藏於隱微計出微密是以不露其爲業也奇而希用主計神奇用之者希也故或沈微而不章世希能用道何由章智意之業本于原度其道順而不忤將順時宜何忤之有故其未達也爲衆人之所容矣庶事不逆善者來親已達也爲寵愛之所嘉與衆同和內外美之以讚明計慮媚順於時言計是信也其敝也知進而不退不見忌害是以慕進也或離正以自全用心多媚故違

於正其爲業也諧而難持謟情諧智非雅正之倫也故或

先利而後害知進忘退取悔之道臧否之業本乎是

非其道廉而且砭清而混雜砭去纖芥故其未達也

爲衆人之所識清潔不汙在幽而明已達也爲衆人

之所稱業常明白出則受譽其功足以變察是非理清

道潔是非不亂其漖也爲詆訶之所怨詆訶之徒不樂聞過

其爲業也峭而不裕峭察於物何能寬裕故或先得

而後離衆清亮爲時所稱理峭爲衆所憚伎倆之業本于

事能其道辨而且速[伎計如神是以速辨]其未達也爲衆人之所異[伎能出衆故雖微而顯]已達也爲官司之所任[遂事成功政之所務]其功足以理煩糾邪[釋煩理邪亦須伎倆]其澈也民勞而下困[上不端而下困]其爲業也細而不泰故爲治之末也[道不平弘其能太乎]

接識第七[推已接物俱識同體兼能之士乃達羣材]

夫人初甚難知[貌厚情深難得知也]而士無衆寡皆

自以爲知人故以己觀人則以爲可知也（己尚清節則凡清節者皆己之所知）觀人之察人則以爲不識也夫何哉（由己之所尚在於清節人之所好在於利欲曲直不同於他便謂人不識物也）是故能識同體之善（性長思謀則善策畧之士）而或失異量之美（遵法者雖美乃思謀之所不取）何以論其然夫清節之人以正直爲度故其歷衆材也能識性行之常（度在正直故悦有恒之人）而或疑法術之詭（謂守正足以致治何以法術爲也）法制之人

以分數爲度故能識較方直之量度在法分故恍方直之人而不貴變化之術謂法分足以濟業何以術謀爲也術謀之人以思謨爲度故能成策畧之奇度在思謀故貴策畧之人而不識遵法之良謂思謨足以化民何以法制爲也器能之人以辨護爲度故能識方畧之規度在辨護故恍方計之人而不知制度之原謂方計足以立功何以制度爲也智意之人以原意爲度故能識韜諝之權度在原意故恍韜諝之人而不貴法教

之常謂原意足以爲正何以法理爲也伎倆之人以邀功爲度故能識進趣之功度在邀功故恍功能之人而不通道德之化謂伎能足以成事何以道德爲也臧否之人以伺察爲度故能識訶砭之明度在伺察故恍譴訶言語之人而不暢倜儻之異謂譴訶乃成教何以寬弘爲也之人以辨析爲度故能識捷給之惠度在剖析故恍敏給之人而不知含章之美謂辯論事乃理何以含章爲也是以互相非駁莫肯相是人皆自以爲是誰肯道人之是

取同體也則接論而相得（性能苟同則雖胡越接響而情通）取異體也雖歷久而不知（性能苟異則雖比肩歷年而逾疎矣）凡此之類皆謂一流之材也（故同體則親異體則疎）若二至已上亦隨其所兼以及異數（法家兼術故能以術輔法）故一流之人能識一流之善（以法治者所以舉不過法）二流之人能識二流之美（體法術者法術兼行）盡有諸流則亦能兼達衆材（體通八流則八材當位物無不理）故兼材之人與國體同（謂八材之

人始進陳言冢宰之官察其所以欲觀其一隅則終朝足以識之將究其詳則三日而後足何謂三日而後足夫國體之人兼有三材故談不三日不足以盡之一以論道德二以論法制三以論策術然後乃能竭其所長而舉之不疑在上者兼明八材然後乃能盡其所進用而無疑矣然則何以知其兼偏而與之言乎察言之時何以識其偏材何以識其兼材也其爲人也務以流數杼人之所長

而爲之名目如是兼也每因事類杼盡人之所能爲之名目言不容口如陳以美欲人稱之已之有善因事自說又欲令人言常稱已不欲知人之所有如是者偏也人之有善耳不樂聞人稱之口不和也不欲知人則言無不疑聞法則疑其刻削聞術則疑其詭詐是故以深說淺益深益異淺者意近故聞深理而心逾衒是以商君說帝王之道不入則以彊兵之義示之異則相迈反則相非聞深則心衒焉得而相是是以以李兌塞而不聽蘇秦之說是故多陳處直則以爲見美以其義

多方疑似見美也靜聽不言則以爲虛空待時來語疑其無實抗爲高談則爲不遜辭護理高疑其凌己遜讓不盡則以爲淺陋卑言寡氣疑其淺薄言稱一善則以爲不博未敢多陳疑其陋狹歷發衆奇則以爲多端偏舉事類則欲以釋之復以爲多端先意而言則以爲分美言合其意疑分已美因失難之則以爲不喻欲補其失反不喻也說以對反則以爲較已欲反其事而明言乃疑其較也博以異雜則以爲無要控盡所懷謂之無要論以同

體然後乃悅弟兄忿肆爲陳管蔡之事則欣暢而和悅於是乎有親愛之情稱譽之譽苟言之同非徒親愛而已乃至譽而譽之此偏材之常失意常婣護欲人同己已不必得何由暫得

英雄第八自非平淡能各有名英爲文昌雄爲武稱

夫草之精秀者爲英獸之特群者爲雄物尚有之兄於人乎故人之文武茂異取名於此文以英爲名武以雄爲號是故聰明秀出謂之英膽力過人謂之雄此其大體之別名也若校其分數

則牙則須（英得雄分然後成章，雄得英分然後成剛）各以二分取彼一分然後乃成（膽者雄之分，智者英之分。英有聰明須膽而後成，雄有膽力須知而後立）何以論其然夫聰明者英之分也不得雄之膽則說不行（智而無膽不能正言）膽力者雄之分也不得英之智則事不立（勇而無謀不能立事）是故英以其聰謀始以其明見機（智以謀事之始，明以見事之機）待雄之膽行之（不決則不能行）雄以其力服衆以其勇排難（非力衆不服，非勇難不排）

待英之智成之智以制宜巧乃可成然後乃能各濟
其所長也譬金待水而成利功物得水然後成養功若聰能謀
始而明不見機乃可以坐論而不可以處
事智能坐論而明不見機何事務之能處聰能謀始明能見
機而勇不能行可以循常而不可以慮變
明能循常勇不能行何應變之能爲若力能過人而勇不能
行可以爲力人未可以爲先登力雖絕群膽雄不決
何先鋒之能爲力能過人勇能行之而智不能斷

事可以爲先登未足以爲將帥（力能先登臨事無謀何將帥之能爲）必聰能謀始明能見機膽能決之然後可以爲英張良是也氣力過人勇能行之智足斷事乃可以爲雄韓信是也體分不同以多爲目故英雄異名（張良英智多韓信雄膽勝）然皆偏至之材人臣之任也故英可以爲相（制勝于近）雄可以爲將（揚威于遠）若一人之身兼有英雄則能長世高祖項羽是也然英

之分以多於雄而英不可以少也英以致智智能役雄何可少也英分少則智者去之故項羽氣力蓋世明能合變膽烈無前濟江焚糧而不能聽采奇異有一范增不用是以陳平之徒皆亡歸高祖英分多故群雄服之英材歸之兩得其用雄既服矣英又歸之故能吞秦破楚宅有天下然則英雄多少能自勝之數也勝在於身則能勝物徒英而不雄則雄材不服也內無主於中外物何由入

徒雄而不英則智者不歸往也無名以接之智者何由往故雄能得雄不能得英兕虎自成群也英能得英不能得雄鸞鳳自相親也故一人之身兼有英雄乃能役英與雄能役英與雄故能成大業也武以服之文以綏之則業隆當年福流後世

八觀第九群材異品志各異歸觀其通否所格者八

八觀者一曰觀其奪救以明間雜或慈欲濟恤而悋奪某人或救濟廣厚而乞醯爲惠二曰觀其感變以審常

度觀其愠作則常度可審三曰觀其志質以知其名徵質相應覩色知名四曰觀其所由以辨依似依訐似直五曰觀其愛敬以知通塞倉卒難明察其所安昭然可辨六曰觀其情機以辨純愛則物親而情通純敬則理疎而情塞恕惑得其所欲則恕違其所欲則惑七曰觀其所短以知所長訐剌雖短而長於爲直八曰觀其聰明以知所達雖體衆材而材不聰明事事蔽塞其何能達何謂觀其奪救以明間雜夫質有至有違剛質無欲所以爲至貪情或勝

所以爲遠若至勝違則惡情奪正若然而不然

以欲勝剛以此似剛而不剛故仁出於慈有慈而不仁

者仁必有恤有仁而不恤者厲必有剛有

厲而不剛者若夫見可憐則流滯慈心發於中

將分與則悋嗇是慈而不仁者爲仁者必濟恤觀

危急則惻隱仁情動於內將赴救則畏患是仁

而不恤者爲恤者必赴危處虛義則色厲精厲見於貌

顧利慾則內荏是厲而不剛者爲剛者必無慾然

則慈而不仁者則怯奪之也愛財傷於慈仁而不恤者則懼奪之也恇怯損於仁厲而不剛者則慾奪之也利慾害於剛故曰慈不能勝怯無必其能仁也愛則不施何於仁之爲能仁不能勝懼無必其能恤也畏懦不果何恤之能行厲不能勝慾無必其能剛也情存利慾何剛之能成是故不仁之質勝則伎力爲害器仁質既弱而有伎力此害己之器也貪悖之性勝則彊猛爲禍梯廉質既弱而性強猛此禍己之梯也

亦有善情救惡不至爲害惡物宜翦而除純善之人憐而救之此稠厚之人非大害也愛惠分篤雖傲狎不離平生結交情厚分深雖原壤夷俟而不相棄無大過也助善著明雖疾惡無害也如殺無道以就有道疾惡雖甚無大非也救濟過厚雖取人不貪也取人之物以有救濟雖譏在乞醯非大貪也是故觀其奪救而明間雜之情可得知也或畏怵奪慈仁或救過濟其分而平淡之主順而恕何謂觀其感變以審常度夫人厚貌深情將欲求之必觀其

辭旨，察其應贊，視發言之旨趣，觀應和之當否。夫觀其辭旨，猶聽音之善醜；音唱而善醜別。察其應贊，猶視智之能否也。聲和而能否別。故觀辭察應，足以互相別識。彼唱此和，是非相舉。然則論顯揚正，白也；辭顯唱正，是曰明白。不善言應，玄也；默而識之，是曰玄也。經緯玄白，通也；明辨是非，可謂通理。移易無正，雜也；理不一據，言意渾雜。先識未然，聖也；追思玄事，叡也；見事過人，明也；以明為晦，智也；心雖明之，常若不足。微忽必識妙也理雖至微而能察之美妙不昧疎也心致昭然是日踈朗測之益深實也心有實智探之愈精猶泉滋中出測之益深也假合炫燿虛也道聽塗說久而無實猶池水無源洩而虛竭自見其美不足也智不贍足恐人不知以自伐不伐其能有餘也不畏不知故曰凡事不度必有其故色貌失實必有憂喜之故憂患之色乏之而且荒憂患在心故形色荒疾疢之色亂而垢雜黃黑色雜理多塵垢喜色愉然以懌慍色厲然以揚妬惑之色冒昧無常

粗白粗赤憤憤在面及其動作蓋並言辭色既發揚言亦從之是故其言甚懌而精色不從者中有違也心恨而言強和色貌終不相從其言有違而精色可信者辭不敏也言不自盡故辭雖違而色貌可信言未發而怒色先見者意憤溢也憤怒塡胷者未言而色貌已作言將發而怒氣送之者彊所不然也欲強行不然之事故怒氣助言凡此之類徵見於外不可奄違心懼而怒容意恨而和貌雖欲違之精色不從心動貌從感愕以

明雖變可知情雖在內感愕發外千形萬貌粗可知矣是故觀其感變而常度之情可知觀人辭色而知其心物有常度然後審矣何謂觀其至質以知其名凡偏材之性二至以上則至質相發而令名生矣二至質氣之謂也質直氣清則善名生矣是故骨直氣清則休名生焉骨氣相應名是以美氣清力勁則烈名生焉氣既清矣力勁則烈勁智精理則能名生焉智既勁矣精理則能稱智直彊慤則任名生焉直而又美是以見任集于

端質則令德濟焉（質徵端和善德乃成）加之學則文理灼焉（圭玉有質瑩則成文）是故觀其所至之多少而異名之所生可知也（尋其質氣覽其清濁雖有多少之異異狀之名斷可知之）何謂觀其所由以辨依似夫純訐性違不能公正（質氣俱訐何正之有）依訐似直以訐訐善（以直之訐訐及良善）純宕似流不能通道（質氣俱宕何道能通）依宕似通行傲過節（似通之宕容傲無節）故曰直者亦訐訐者亦訐其訐則同其所以

爲訐則異（直人之訐訐惡憚非純訐爲訐訐善剌是）通者亦宕

宕者亦宕其宕則同其所以爲宕則異（通人）

（之宕簡而達道純宕傲僻以自恣）然則何以別之直而能

溫者德也（溫和爲直所以爲德）直而好訐者偏也（性直）

（過訐所以爲偏）訐而不直者依也（純訐似直所以爲依）道而

能節者通也（以道自節所以爲通）通而時過者偏也

（性通時過所以爲偏）宕而不節者依也（純宕自通所以爲依）偏

之與依志同質違所謂似是而非也（質同通直）

或偏或依是故輕諾似烈而寡信不量已力輕許死人臨難畏怯不能殉命多易似能而無效不顧材能日謂能辦受事猖獗作無效驗進銳似精而去速精躁之人不能久任訶者似察而事煩譴訶之人每多煩亂許施似惠而無成當時似給終無所成面從似忠而退違阿順目前却則自是此似是而非者也紫色亂朱聖人惡之亦有似非而是者事同於非其功實則是大權似姦而有功伊去太甲以成其功大智似愚而內明終日不違內實分別愽愛似虛而

實厚況愛無私似虛而實正言似訐而情忠譬帝桀紂至誠忠愛夫察似明非御情之反欲察似類審則是非御取人情反覆明之有似理訟其實難別也故聖人參訊廣訪與衆共之非天下之至精其孰能得其實若其實可得何憂乎驩兜何迁乎有苗是以昧旦晨興揚明仄陋語之三槐詢之九棘故聽言信貌或失其真言訥貌惡仲尼失之子羽詭情御反或失其賢疑非人情公孫失之卜式賢否之察實在所依雖其難知即當尋其所依而察之是故觀其所依而似

類之質可知也雖其不盡得其實然察其所依似身其體氣粗可幾矣何謂觀其愛敬以知通塞盖人道之極莫過愛敬愛生於父子敬立於君臣是故孝經以愛爲至德起父子之親故爲至德以敬爲要道終君臣之義故爲道之要易以感爲德氣通生物人得之以利養以謙爲道尊卑殊別道之次序老子以無爲德施化無方德之則也以虛爲道寂寞無爲道之倫也禮以敬爲本禮由陰作肅然清淨樂以愛爲主樂由陽來歡然親愛然則人情之質有愛敬

之誠方在哺乳愛敬生矣則與道德同體動獲人心而道無不通也體道脩德故物順理通然愛不可少於敬少於敬則廉節者歸之廉人好敬是以歸之而衆人不與衆人樂愛愛少是以不與愛多於敬則雖廉節者不恍而愛接者死之廉人寡常人衆衆人樂愛致其死則事成業齊是故愛之爲道不可少矣何則敬之爲道也嚴而相離其勢難久動必肅容過之不久逆旅之人不及溫和而歸也愛之爲道也情親意厚深而感物煦濡篤密

感物深感是以翳桑之人倒戈報德是故觀其愛敬之誠而通塞之理可得而知也篤於慈愛則溫和而上下之情通務在禮敬則嚴肅而外內之情塞然必愛敬相須不可一時而無然行其二義者常當務令愛多敬少然後肅穆之風可得希矣何謂觀其情機以辨恕惑夫人之情有六機杼其所欲則喜爲有力者譽烏獲其心莫不忻焉不杼其所能則怨爲辨給者稱三緘其心莫不忿然以自伐歷之則惡抗己所能以歷衆人衆人所惡以謙損下之則悅卑損下人人皆喜悅犯其所乏

則婣人皆恍已所長惡已所短故稱其所短則婣戾忿肆以惡犯婣則妬自伐其能人所惡也稱人之短人所婣也今伐其所能犯人所婣則妬害生也此人性之六機也夫人情莫不欲遂其志志之所欲欲遂已成故烈士樂奮力之功遭難而力士奮善士樂督政之訓政脩而善士用能士樂治亂之事治亂而求賢能術士樂計策之謀廣筭而求其策辨士樂陵訊之辭賓贊而求辨給貪者樂貨財之積貨財積則貪者容其求幸者樂權勢之尤權勢之尤則幸者竊其柄

苟賛其志則莫不欣然是所謂杼其所欲則喜也所欲之心杼盡復何怨乎若不杼其所能則不獲其志不獲其志則慼憂巳才之不展是故功力不建則烈士奮奮憤不能盡其材也德行不訓則正人哀哀哀不得行其化政亂不治則能者歎歎歎不得用其能敵能未弭則術人思思思不得運其奇貨財不積則貪者憂憂憂無所收其利權勢不尤則幸者悲悲不得弄其權是所謂不杼其能則怨也所怨

人情莫不欲處前故惡人之自伐（不矜其能悅也）（皆欲居物先故惡人之自伐也）自伐皆欲勝之類也是故自伐其善則莫不惡也（惡其有勝已之心）是所謂自伐歷之則惡也（是以達者終不自伐）人情皆欲求勝故悅人之謙謙所以下之下有推與之意是故人無賢愚接之以謙則無不色懌（不問能否皆欲勝人）是所謂以謙下之則悅也（是以君子終日謙謙）人情皆欲掩其所短見其所長（稱其所長）

則恍稱其所短則慍是故人駮其所短似若物冐之情之憤悶有若覆冐是所謂駮其所乏則婟也覆冐純塞其心婟戾人情陵上者也凡人勝巳皆欲陵之陵犯其所惡雖見憎未害也雖惡我自伐未甚疾害也若以長駮短是所謂以惡犯婟則妬惡生矣以巳之長駮人之短而取其害是以達者不爲之也凡此六機其歸皆欲處上物之自大人人皆爾是以君子接物犯而不校知物情好勝雖或以小犯巳終不校拒也不校則無不敬下所以

避其害也務行謙敬誰害之哉小人則不然既不見

機不達妒害之機而欲人之順已謂欲人無違已以佯愛

敬爲見異孔光逡巡董賢欣喜以偶邀會爲輕謂非本心

忿其輕已苟犯其機則深以爲怨小人易悅而難事是

故觀其情機而賢鄙之志可得而知也賢明

志在退下鄙劣志在陵上是以平淡之主御之以正訓貪者之所憂戒幸者之所悲

然後後物不自伐下不陵上賢否當位治道有序何謂觀其所短以

知所長夫偏材之人皆有所短智不能周也故

直之失也訐（刺訐傷於義故其父攘羊其子證之）剛之失也厲（剛切傷於理故諫君不從承之以劍）和之失也愞（愞弱不及道故宮之奇爲人撓不能強諫）介之失也拘（拘愚不達事尾生守信死於橋下）夫直者不訐無以成其直既悅其直不可非其訐（用人之直恕其訐也）訐也者直之徵也（非訐不能爲直）剛者不厲無以濟其剛既悅其剛不可非其厲（用人之剛恕其厲也）厲也者剛之徵也（非厲不能爲剛）和者不愞無以保其和既悅其和不

可非其懦（用人之和恕其愞也）愞也者和之徵也（非懦
不能爲和）介者不拘無以守其介既恍其介不
可非其拘（用人之介恕其拘也）拘也者介之徵也（非拘
不能爲介）然有短者未必能長也（純許之人未能正直）有
長者必以短爲徵（純和之人徵必愞弱）是故觀其徵
之所短而其材之所長可知也（欲用其剛必采之於
厲）何謂觀其聰明以知所達夫仁者德之
基也（德載而行）義者德之節也（制德之所宜也）禮者德

之文也禮德之文理也信者德之固也固德之所執也智

者德之帥也非智不成德夫智出於明明達乃成智

明之於人猶晝之待白日夜之待燭火火日

所以照晝夜智達所以明物理其明益盛者所見及遠火日

愈明所照愈遠智達彌明理通彌深及遠之明難聖人猶有不及是

故守業勤學未必及材生知者上學能者次材藝精

巧未必及理因習成巧淺於至理理義辨給未必及

智理成事業昧于玄智智能經事未必及道役智經務去道

遠矣道思玄遠然後乃周道無不載故無不周是謂學道智不及材材不及理理不及智智不及道玄微故四變而後及道也者回復變通理不繫一故變通之是故別而論之各自獨行則仁爲勝仁者濟物之資明者見理而已合而俱用則明爲將仁者待明其功乃成故以明將仁則無不懷威以使之仁以恤之以明將義則無不勝示以斷割之宜以明將理則無不通理若明練萬事乃達然則苟無聰明無以能遂暗者昧時何能

成務成遂故好聲而實不克則恢恢迂遠於實好辯而理不至則煩辭煩而無正理好法而思不深則刻刻過於理好術而計不足則僞詭誕詐也是故鈞材而好學明者爲師比力而爭智者爲雄等德而齊達者稱聖聖之爲稱明智之極明也是以動而爲天下法言而爲萬世範居上位而不亢在下位而不悶是以觀其聰明而所達之材可知也

人物志卷中

人物志卷下

魏　散騎常侍劉邵撰

涼　儒林祭酒劉昞注

七繆十　效難十一

釋爭十二

七繆第十人物之理妙而難明以情鑒察繆猶有七

七繆一曰察譽有偏頗之繆徵質不明故聽有偏頗也

二曰接物有愛惡之惑或情同忘其惡或意異違其善也

三曰度心有小大之誤或小知而大無成或小暗而大無明四曰品質有早晚之疑有早智而速成者有晚智而晚成者五曰變類有同體之嫌材同勢均則相競材同勢傾則相敬六曰論材有申壓之詭藉富貴則惠施而名申處貧賤則乞求而名壓七曰觀奇有二尤之失妙尤含藏直尤虛瑰故察難中也夫采訪之要不在多少事無巨細要在得正然徵質不明者信耳而不敢信目目不能察而信於耳故人以爲是則心隨而明之人以爲非則

意轉而化之信人毀譽故向之所是化而爲非雖無所嫌

意若不疑信毀譽者心雖無嫌意固疑矣且人察物亦自

有誤愛憎兼之其情萬原明既不察加之愛惡是非是疑

豈可勝計不暢其本胡可必信去愛憎之情則實理得矣是

故知人者以目正耳雖聽人言常正之以目不知人

者以耳敗目親見其誠猶信毀而棄之故州閭之士皆

譽皆毀未可爲正也或衆附阿黨或獨立不群交遊之

人譽不三周未必信是也交結致譽不三周色貌取人而義

行違之夫實厚之士交遊之間必每所在肩稱言忠信行篤敬雖蠻貊之邦行矣上等援之下等推之蠻貊推之况州里乎苟不能周必有咎毀行不篤敬者或諂諛得上而失於下或阿黨得下而失於上故偏上失下則其終有毀非之者多故不能終偏下失上則其進不傑裂雖推之上不信興故誠能三周則爲國所利此正直之交也由其正直故名有利故皆合而是亦有違比或違正阿黨故合而是之皆合而非或在其中或特立不群故

合而非之若有奇異之材則非衆所見奇逸絶衆衆何由識而耳所聽采以多爲信不能審查其材但信衆人言也是繆於察譽者也信言察物必多繆失是以聖人如有所譽必有所試夫愛善疾惡人情所常不問賢愚情皆同之也苟不明質或疎善善非非者見善善者見疎豈故然哉由意不明何以論之夫善非者雖非猶有所是既有百非必有一是以其所是順己所長惡人一是與己所長同也則不自覺情通意親忽忘其惡以與己同忘其百非謂矯

鴛為至孝殘桃為至忠善人雖善猶有所乏雖有百善或有一短以其所乏之不明已長善人一短與已所長異也以其所長輕已所短則不自知志乖氣違忽忘其善以與已異百善皆棄謂曲杖為七首莽楯為反具耶是惑於愛惡者也微質暗昧者其於接物常以愛惡惑異其正夫精欲深微質欲懿重志欲弘大心欲嗛小精微所以入神妙也麤則失神懿重所以崇德宇也躁則失身志大所以戡物任也小則不勝心小所以慎

咎悔也〔大則驕陵〕故詩詠文王小心翼翼不大聲以色小心也〔言不貪求大名聲見於顏色〕王赫斯怒以對于天下志大也〔故能誅紂定天下以致太平〕由此論之心小志大者聖賢之倫也〔心小故以服事殷志大故三分天下有其二〕心大志大者豪傑之雋也〔志大而心又大故名豪雋〕心大志小者傲蕩之類也〔志小而心闊遠故爲傲蕩之流也〕心小志小者拘愞之人也〔心近志短豈能弘大〕衆人之察或陋其心小〔見沛公燒絕棧道謂

其不能定天下或壯其志大見項羽號稱強楚是便謂足以匡諸侯

誤於小大者也由智不能察其度心常誤於小大夫人材

不同成有早晚有早智而速成者質清氣朗生則

秀異故童烏蒼舒總角羅奇也有晚智而晚成者質重氣遲則久

乃成器故公孫含道老而後章有少無智而終無所成者

質濁氣暗終老無成故原壤年老聖人叩脛而不能化有少有令材

遂爲雋器者幼而通理長則愈明故常材發奇於應實效德於公相

四者之理不可不察當察其早晚隨時而用之夫幼智

之人材智精達然其在童髫皆有端緒（仲尼戲言組豆鄧艾指圖軍旅）故文本辭繁（初辭繁者長必文麗）辯始給口（幼給口者長必辯論也）仁出慈恤（幼慈恤者長必矜人）施發過與（幼過與者長必好施）慎生畏懼（幼多畏者長必謹慎）廉起不取（幼不妄取長必清廉）早智者淺惠而見速（見小事則達其形容）晚成者奇識而舒遲（智雖舒緩能識其妙）終暗者並困於不足（事務難易意皆昧然）遂務者周達而有餘（事無大小皆能極之）而衆人之察不慮其變

常以一槩責於終始是疑於早晚者也或以早成而疑晚智或以晚智而疑早成故於品質常有妙失也夫人情莫不趣名利避損害名利之路在於是得是得在己名利與之損害之源在於非失非失在己損害攻之故人無賢愚皆欲使是得在己賢者尚然況愚者乎能明己是莫過同體體同於我則能明己是以偏材之人交遊進趨之類皆親愛同體而譽之同體能明己是以親而譽之憎惡對反而毀之與己體反是以惡而疏之序異雜

而不尚也不與已同不與已異則雖不憎亦不尚之推而論之無他故焉夫譽同體毀對反所以證彼非而著已是也由與已同體故證彼非而著已是也至于異雜之人於彼無益於已無害則序而不尚不以彼爲是不以已爲非都無損益何所尚之是故同體之人常患於過譽譽俱爲力人則力小者慕大力大者提小故其相譽常失其實也及其名敵則尠能相下若俱能負鼎則爭勝之心生故不能相下是故直者性奮好人行直於人見人正直則心

（好之）而不能受人之訐（刺己之非則訐而不受）盡者情
露好人行盡於人（見人顯露則心好之）而不能納人
之徑（訟己徑盡則違之不納）務名者樂人之進趨過
人（見人乘人則恱其進趨）而不能出陵己之後（人陵於己）
（則忿而不服）是故性同而材傾則相援而相賴
也（並有旅力則大能奬小）性同而勢均則相競而相
害也（恐彼勝己則妬善之心生）此又同體之變也故或
助直而毀直（人直過於己直則非毀之心生）或與明而毀

明（人明過於已明則妒害之心動）而衆人之察不辨其律理是嫌於體同也（體同尚然況異體乎）夫人所處異勢勢有申壓富貴遂達勢之申也（身處富貴物不能屈是以佩六國之印父母迎於百里之外）貧賤窮匱勢之壓也（身在貧賤志何申展是以黑貂之裘弊妻嫂墮于閨門之內）上材之人能行人所不能行（凡云爲動靜固非衆人之所及）是故達有勞謙之稱窮有著明之節（材出于衆其進則衰多盈寡勞謙濟世退則履道坦坦幽人貞吉）中材之人則隨世

損益守常之智申壓在時故勢來則益勢去則損是故藉富貴則貨財克於內施惠周於外貲財有餘恣意周濟見贍者求可稱而譽之感其恩紀匡救其惡是以朱建受金而爲食其畫計見援者闡小美而大之感其引援將順其美是以曹丘見楼爲季布揚名雖無異材猶行成而名立夫富與貴可不欣哉乃至無善而行成無智而名立是以富貴妻嫂恭況他人乎處貧賤則欲施而無財欲援而無勢有慈心而無以極識奇材而不能援親戚不能恤朋友不見濟內無蔬食

之饋外無縕袍之贈分義不復立恩愛浸以離意氣皆空
薄分意何由立怨望者並至歸非者日多非徒薄已遂生
怨謗之言雖無罪尤猶無故而廢也夫貧與賤可不懼哉
乃至無由而生謗無罪而見廢是故貧賤妻子慢況他人乎故世有侈
儉名由進退行雖在我而名稱在世是以良農能稼未必能穡天
下皆富則清貧者雖苦必無委頓之憂家給
人足路人皆饋之且有辭施之高以獲榮名之利
得辭施之高名受餘光之善利皆貧則求假無所告家貧戶乏之養

粟成珠玉而有窮乏之患且生鄙吝之訟乞假無遺

與嫂叔爭糟糠是故鈞材而進有與之者則體益

而茂遂既自足復須給賜則已名美行成所為遂達私理卑抑

有累之者既不足已親戚並困則微降而稍退上等不援

下等不推而眾人之觀不理其本各指其所在

謂申達者為材能壓屈者為愚短是疑於申壓者也材智雖鈞

貴賤殊塗申壓之變在乎貧富夫清雅之美著乎形質察

之寡失形色外著故可得而察之失繆之由恒在二尤

二尤之生與物異列是故非常人之所見故尤妙之人含精於內外無飾姿譬金水內明而不外朗故馮唐白首屈於郎署尤虛之人碩言瑰姿內實乖反猶燭火外照灰燼內暗故主父偃辭麗一歲四遷而人之求奇不可以精微測其玄機明異希其尤奇異非精不察或以貌少爲不足覩醜蔑貌惡便疑其淺陋或以瑰姿爲巨偉見江克貌麗便謂其巨偉或以直露爲虛華以其款盡疑無厚實或以巧飭爲真實巧言如流悅而覩之是以早拔多

誤不如順次（或以甘羅爲早成而用之於早歲或訣復欲順次也）夫順次常度也苟不察其實亦焉往而不失（徼覔不明不能識奇故使順次亦不能得）故遺賢而賢有濟則恨在不早拔（故鄭伯謝之於燭武）拔奇而奇有敗則患在不素別（故光武悔之於朱浮）任意而獨繆則悔在不廣問（秦穆不從蹇叔雖追誓而無及）廣問而誤已則怨已不自信（隗囂心存於漢而爲王元所誤）是以驥子發足衆士乃誤韓信立功淮陰乃震夫豈惡

奇而好疑哉乃尤物不世見而奇逸美異也（故非常人之所識也）是以張良體弱而精彊爲衆智之雋也（不以質弱而傷於智）荆叔色平而神勇爲衆勇之傑也（不以色和而傷於勇）然則雋傑者衆人之尤也（奇逸過於衆人故衆人不能及）聖人者衆尤之尤也（通達過於衆奇故衆奇不能逮）其尤彌出者其道彌遠（非天下之至精其孰能與於此）故一國之雋於州爲輩未得爲第也（郡國之所雋異比於州郡未及其第目）一州之第

於天下爲槶（州郡之所第目以比天下之儁槶而不可及槶一回反樞）也天下之槶世有優劣（英人不世繼是以伊召管齊應運乃出）是故衆人之所貴各貴其出己之尤（智材勝己則以爲貴）而不貴尤之所尤（尤之尤者非衆人之所識）是故衆人之明能知輩士之數（衆人明者粗知郡國出輩之士而已）而不能知第目之度（乃未識郡國品第之儁）輩士之明能知第目之度（出輩明者粗知郡國第目之良）不能識出尤之良也（未識出尤奇異之理）出尤之人能

知聖人之教（瞻之在前忽焉在後）不能究之入室之奥也（如有所立卓爾雖欲從之末由也已）由是論之人物之理妙不可得而窮已（爲當擬諸形容象其物宜觀其會通舉其一隅而已）

效難第十一（人材精微實自難知知之難審效薦之難）

蓋知人之效有二難有難知之難（尤奇遊雜是以難知）有知之而無由得效之難（已雖知之無由得薦）何謂難知之難人物精微（智無形狀奇逸精妙）能神而

明欲入其神而明其智其道甚難固難知之難也知人則哲惟帝難之況常人乎是以衆人之察不能盡備各守其一方而已故各自立度以相觀采以己所能歷觀衆才

或相其形容以貌狀取人或候其動作以進趨取人

或揆其終始以發正取人或揆其儗象以旨意取人

或推其細微以情理取人或恐其過誤以簡恕取人

或循其所言以辭旨取人或稽其行事以功效取人

八者遊雜各以意之所可爲準是以雜而無紀故其得者少

所失者多（但取其同於己而失其異於己己不必兼故失者多）是故必有草創信形之誤（或色貌取人而行違）又有居止變化之謬（或身在江海心存魏闕）故其接遇觀人也隨行信名失其中情（是以聖人聽言觀行如有所譽必有所試）故淺美揚露則以爲有異（智淺易見狀似異美）深明沉漠則以爲空虛（智深內明狀似無實）分別妙理則以爲離婁（研精至理狀似離婁）口傳甲乙則以爲義理（強指物類狀似有理）好說是非則以爲臧否（妄說是非

似明善否講目成名則以爲人物強議賢愚似明人物平道政事則以爲國體妄論時事似識國體猶聽有聲之類名隨其音七者不能明物皆隨行而爲之名猶聽猫音而謂之猫聽雀音而謂之雀不知二蟲竟謂何名也世之疑惑皆此類也是以魯國儒服者衆人皆謂之儒立而問之一人而已夫名非實用之不效南箕不可以簸揚北斗不可挹酒漿故曰名猶口進而實從事退衆覩形而名之故用而不驗也中情之人名不副實用之有效真智在中衆不能見故無外名而有內實故名由衆退

而實從事章效立名章則此草創之常失也淺智無終深智無始故衆人之察物常失之於初故必待居止然後識之視其所止觀其所居而焉不知故居視其所安安其舊者敦於仁達視其所舉舉剛直者厚於義富視其所與與嚴壯者明於禮窮視其所爲爲經術者勸於智貧視其所取取其分者存於信然後乃能知賢否行此者賢反此者否此又已試非始相也試而知之豈相也哉所以知質未足以知其畧畧在變通不可常准且天下之人

不可得皆與遊處故視其外狀可以得一末足盡知或志趣變易隨物而化是以世祖失之龐萌曹公失之董卓或未至而懸欲或已至而易顧李軼始專心於光武終改顧於聖公或窮約而力行或得志而從欲王莽初則布衣折節卒則窮奢極侈此又居止之所失也情變如此誰能定之由是論之能兩得其要是難知之難既知其情又察其變故非常人之所審何謂無由得效之難上材已莫知已難識知或所識者在幼賤之中未達

而喪〔未及進達其人已喪〕或所識者未拔而先沒〔未及拔舉已先沒世〕或曲高和寡唱不見讚〔公叔座薦商鞅而魏王不能用〕或身卑力微言不見亮〔禽息舉百里奚首足皆碎〕或器非時好不見信貴〔竇后方好黃老儒者何由見進〕或不在其位無由得拔〔卞和非因匠所以抱璞泣〕或在其位以有所屈迫〔何武舉公孫祿而爲王氏所推〕是以良材識真萬不一遇也〔材能雖良當遇知已知已雖遇當值明王三者之遭萬不一會〕須識真在位識百不一有也〔雖識已真

或不在位以位勢值可薦致之宜十不一合也識已須在位智達復須宜或明足識真有所妨奪不欲貢薦雖識辨賢愚而屈於妨奪故有不欲或好貢薦而不能識真在位之人雖心好賢善而明不能識是故知與不知相與分亂於總猥之中或好賢而不識或知賢而心妬故用與不用同於衆總紛然淆亂實知者患於不得達效身無位次無由效達不知者亦自以爲未識身雖在位而不能識所謂無由得效之難也故曰知人之效有二

難是以人主常當運其聰智廣其視聽明揚側陋旁求俊乂舉能不避仇讎拔賢不棄幽隱然後國家可得而治功業可得而濟也

釋爭第十二賢善不伐況小事乎釋忿去爭必荷榮福

蓋善以不伐爲大爲善而自伐其能衆人之所小賢以自矜爲損行賢而去自賢之心何往而不益哉是故舜讓于德而顯義登聞湯降不遲而聖敬日躋彼二帝雖天挺聖德生而上哲猶懷勞謙疾行退下然後信義登聞光宅天位郄至上人而抑下滋甚王叔好爭而終于出奔此二

大夫矜功陵物或宗移族滅或迯禍出奔由此觀之爭讓之道豈不懸歟然則卑讓降下者茂進之遂路也江海所以爲百谷王以其處下也矜奮侵陵者毀塞之險途也兕虎所以攖牢檻以其性獷噬也是以君子舉不敢越儀準志不敢凌軌等足不苟蹈常懷退下內勤已以自濟外謙讓以敬懼獨處不敢爲非出門如見大賓是以怨難不在於身而榮福通於長久也外物不見傷子孫賴以免彼小人則不然矜功伐能好以陵人初無巨細心發

揚以陵物是以在前者人害之矜能奔縱人情所害有功者人毀之恃功驕盈人情所毀毀敗者人幸之及其覆敗人情所幸是故並轡爭先而不能相奪小人競進智不相過並驅爭險更相蹈籍兩頓俱折而爲後者所趨中道而斃後者乘之譬兎殛犬疲而田父收其功由是論之爭讓之途其別明矣君子尚讓故涉萬里而途清小人好爭足未動而路塞然好勝之人猶謂不然貪則好勝雖聞德讓之風意猶昧然乃云古人讓以得今人讓以失心之所是起而爭之以在前爲速銳

以處後爲畱滯（故行坐汲汲不暇脂車）以下衆爲卑屈以躡等爲異傑（苟矜起等不羞負乘）以讓敵爲迴辱以陵上爲高厲（故趙穿不顧元帥彘子以偏師陷）是故抗奮遂往不能自反也（譬虎狼食生物遂有殺人之怒）夫以抗遇賢必見遜下（相如爲廉頗逡巡兩得其利）以抗遇暴必搆敵難（灌夫不爲田蚡持下兩得其尤）敵難既搆則是非之理必溷而難明（俱自是而非彼誰明之耶）溷而難明則其與自毀何以異哉（兩虎共鬪小者死大

者傷焉得而兩全 且人之毁巳皆發怨憾而變生

疊也若本無憾恨遭事際會亦不致毁害必依託於事飾成

端末凡相毁謗必因事類而飾成之其於聽者雖不盡信

猶半以爲然也由言有端角故信之者半巳之校報亦

又如之復當報謗爲生翅尾終其所歸亦各有半信

著於遠近也俱有形狀不知其實是以近遠之聽皆半信於此半信於彼

然則交氣疾爭者爲易口而自毁也巳說人之報人亦說巳之譏雖詈人自取其詈也

並辭競說者爲貸

手以自毆辭忿則力爭已既毆人人亦毆已此其爲借手以自毆爲惑繆豈不甚哉借手自毆借口自詈非惑如何然原其所由豈有躬自厚責以致變訟者乎已能自責人亦自責兩不言競變訟何由生哉皆由內恕不足外望不已所以爭者由內不能恕已自責而外望於人不已也或怨彼輕我或疾彼勝已是故心爭終無休已夫我薄而彼輕之則由我曲而彼直也曲而見輕固其宜矣我賢而彼不知則見輕非我咎也親反傷也固其宜矣若彼賢而

處我前則我德之末至也（德輕在彼固所宜也）若德鈞而彼先我則我德之近次也（德鈞年次固其常矣）夫何怨哉且兩賢未別則能讓者爲雋矣（材均而不爭優劣衆人善其讓）爭雋未別則用力者爲憊矣（雋等而名未別衆人惡其鬬）是故藺相如以廻車决勝於廉頗寇恂以不鬬取賢於賈復（此二賢者知爭途不可由故回車退避或酒炙迎送故廉賈肉袒爭尚泯矣）物勢之反乃君子所謂道也（龍蛇之蟄以存身尺蠖之屈以求伸蟲微

物耳尚知蟠屈況於人乎是故君子知屈之可以爲伸故含辱而不辭韓信屈於跨下之辱知卑讓之可以勝敵故下之而不疑展喜犒齊師之謂也及其終極乃轉禍而爲福晉文避楚三舍而有城濮之勳屈讐而爲友相如下廉頗而爲刎頸之交使怨讐不延於後嗣而美名宣於無窮子孫荷其榮蔭竹帛紀其高義君子之道豈不裕乎若偏急好爭則身危當年何後來之能福且君子能受纖微之小嫌故無變鬬之大訟大訟起於纖芥

故君子慎其小小人不能忍小忿之故終有赫赫之敗辱小人以小惡爲無傷而不去故罪大不可解惡積不可救怨在微而下之猶可以爲謙德也怨在纖微則謙德可以除之變在萌而爭之則禍成而不救矣涓涓不息遂成江河水漏覆舟胡可救哉是故陳餘以張耳之變卒受離身之害思復須臾之忿忘終身之惡是以身臧而嗣絕也彭寵以朱浮之郄終有覆亡之禍恨督責之小故違終始之大計是以宗夷而族覆也禍福之機可不慎哉二女爭桑秀

吳楚之難作季郈鬬雞魯國之釁作可不畏歟可不畏歟是故君子之求勝也以推讓爲利銳推讓所往前無堅敵以自修爲棚櫓修已以敬物無害者靜則閉嘿泯之玄門動則由恭順之通路時可以靜則重閉而玄嘿時可以動則履正而後進是以戰勝而爭不形動靜得節故勝無與争争不以力故勝功見耳敵服而怨不搆干戈不用何怨搆之有若然者悔恡不存于聲色夫何顯爭之有哉色貌猶不動況力爭乎彼顯爭者必自以爲賢人而人以

爲險詖者以已爲賢專固自是是已非人人得不争乎實無險德則無可毀之義若信有險德又何可與訟乎險而與之訟是柙兕而攖虎其可乎怒而害人亦必矣易曰險而違者訟訟必有衆起言險而行違必起衆而成訟矣老子曰夫惟不争故天下莫能與之争以謙讓爲務者所往而無争是故君子以争途之不可由也由於争途者必覆輪而致禍是以越俗乘高獨行於三等之上何謂三

等大無功而自矜一等空虛自矜故為下等也有功而伐之二等自伐其能故為中等功大而不伐三等推功於物故為上等愚而好勝一等不自量度故為下等賢而尚人二等自美其能故為中等賢而能讓三等歸善於物故為上等緩己急人一等性不恕人故為下等急己急人二等褊戾峭刻故為中等急己寬人三等謹身恕物故為上等

凡此數者皆道之奇物之變也心不純一是為奇變三變而後得之故人莫能遠也小人安其下等何由

能及哉夫唯知道通變者然後能處之處上等而

不失者也是故孟之反以不伐獲聖人之譽不伐

其功美譽自生管叔以辭賞受嘉重之賜不貪其賞嘉賜

自致夫豈詭遇以求之哉乃純德自然之所

合也豈故不伐辭賞詭情求名耶乃至直發於中自與理會也彼君子

知自損之爲益故功一而美二自損而行成名立

小人不知自益之爲損故一伐而並失自伐

而行毀名喪由此論之則不伐者伐之也不爭

者爭之也（不伐而名章，不爭而理得）讓敵者勝之也下衆者上之也（退讓而敵服，謙尊而德光）君子誠能覩爭途之名險獨乘高於玄路則光暉煥而日新德聲倫於古人矣（避忿肆之險途獨逍遥於上等遠燕雀於啁啾疋鳴鳳於玄曠然後德輝耀於來今清光侔於徃代）

人物志卷下

右人物志三卷十二篇魏劉邵撰案隋唐經籍志篇第皆與今同列于名家十六國時燉煌劉昞重其書始作注解然世所傳本多謬誤今合官私書校之去其複重附益之文爲定本内或疑字無書可證者今據衆本皆相承傳疑難輒意改云邵之叙五行曰簡暢而明砭火之德也徧撿書傳無明砭之證案字書砭者以石刺病此外更無他訓然自魏晋以後轉相傳寫豕亥之變莫能究知不爾則邵當別有異聞今則亡矣

愚謂明砭都無意義自東晋諸公草書啓字爲然疑爲簡暢而明啓耳文寬夫題

劉邵字孔才廣平邯鄲人也據今官書魏志作劭劭之從力他本或從邑者晉邑之名案字書此二訓外無他釋然俱不恊孔才之意許文則爲邵音同上但召旁從卩耳訓高也李舟切韻訓美也高美又與孔才義符揚子法言曰周公之才之邵是也今俗駡法言亦作邑旁邵葢力卩文近易訛讀者又昧偏傍之别今定從邵云建安中爲計吏詣許太史上言正旦當日蝕邵時在尚書令荀彧所坐者數十人或云當廢朝或云宜却會邵曰梓愼裨竈古之良史猶占水火錯失天時

禮記曰諸侯旅見天子及門不得終禮者四日蝕在一然則聖人垂訓不爲變豫廢朝禮者或災消異伏或推行謬誤也或善其言敕朝會如舊日亦不蝕魏黃初中爲尚書郎散騎侍郎受詔集五更群書以類相從作皇覽後與議郎庾嶷荀詢等定科令作新律十八篇著律畧論遷散騎常侍嘗作趙都賦明帝美之詔邵作許都洛都

賦時外興軍旅內營宮室邵作二賦皆諷諫焉景初中受詔爲都官考課邵作七十二條及畧說一篇又以謂宜制禮作樂以移風俗著洛論十四篇正始中執經講學賜爵關內侯凡所撰述法論人物志之類百餘篇卒追贈光祿勳詔書慱求衆賢散騎侍郎夏侯惠上疏盛稱邵才史臣陳壽亦曰邵該覽學籍文質周洽云

劉昞字延明燉煌人也年十四就博士郭
瑀瑀弟子五百餘人通經業者八十餘人
瑀有女始笄妙選良偶有心於昞遂別設
一席謂弟子曰吾有一女欲覓快女婿誰
坐此席者吾當婚焉昞遂奮坐神志湛然
曰昞其人也瑀遂以女妻之昞後隱居酒
泉不應州郡命弟子受業者五百餘人李
暠據涼州徵爲儒林祭酒從事郎暠好尚

文典書史穿落者親自補葺晒時侍側請代其事𣈆曰躬自執者欲人重此典籍吾與卿相遇何異孔明之會玄德遷撫夷護軍雖有政務手不釋卷𣈆曰卿注記篇籍以燭繼晝白日且然夜可休息晒曰朝聞道夕死可矣不知老之將至孔聖稱言晒何人斯敢不如此晒以三史文繁著畧記百三十篇八十四卷燉煌實録二十卷方

言三卷靖恭堂銘一卷注周易韓子人物
志黄石公三畧行於世沮渠蒙遜平酒泉
拜秘書郎專管注記築陸沈觀於西苑躬
往禮焉號玄處先生學徒數百月致羊酒
牧犍尊爲國師親自致拜命官屬以下皆
北面爲業魏太武平凉州士庶東遷夙聞
其名拜樂平王從事中郎後思歸道病卒
以上並案邵晒本傳删取其要云廣平宋

庠記

亭人物志後

余嘗三復人物志而竊有感焉夫人德性資之繼成初未始有異也而終之相去懸絶者醇駁較於材隆汚判諸習曰三品曰五儀胥是焉而賢不肖殊途矣是以知人之哲古人難之言貌而取人者聖人弗是也茲劉邵氏之有以志人物也乎修巳者得之以自觀用人者持之以照物烏可廢

諸然用舍之際人材之趨向由之可弗慎乎精於擇而庸適其能篤於任而弗貳以私則真材獲用大猷允升矣其或偏聽眩志而用不以道動曰才難吾恐蕭艾弗擇魚目混珍也左馮翊王三省識

重刻人物志跋

劉邵人物志凡十二篇辨性質而準之中庸甄材品以程其職任事核詞章三代而下善評人品者莫或能踰之矣邵生漢末乃其著論體裁纚然有荀卿韓非風致而亹亹自成一家言即九徵八則之論質之孔孟觀人之法唐虞九德之旨自有發所未發者後世欲辨官論材惡可以不知也

顧其書獲見者少又脫落難讀

大中丞真定梁公持節鉞拊鎮中州熊車

所莅吏稱民安爰覓善本加訂正刻之宋

郡用以傳之人人授簡屬吏旻綴一言于

末簡旻得卒業反復流業篇國體器能之

說深有味乎其言之也今

中丞公厲風俗正天下謀廟勝三材允兼

至其振策群吏惟器所適靡不奮力展采

兢兢罔敢怠遑總達衆材至矣異日秉鈞當軸將使官不易方而太平用成知人安民之道拭目身親見之邵之志何幸獲酬於公哉刻成輒忘固陋僭書識刻之歲月覽者當知言之非佞云

隆慶六年壬申仲夏之吉歸德府知府揭陽鄭旻謹書

ISBN 978-7-5149-2206-6
9 787514 922066 >
定價:55.00元